シリーズ・変わる！学校図書館

❶ 知りたい！ 過去・現在・未来

門内 輝行 監修 （大阪芸術大学教授／京都大学名誉教授）

稲葉茂勝 著 （子どもジャーナリスト）

ミネルヴァ書房

はじめに

みなさんの学校では、図書館（室）はどのようにつかわれていますか。

学校図書館は、ふつう本の貸し出しや、読書をする場所としてつかわれます。また、授業や学級活動、学校行事などのなかで生じた、さまざまな疑問を調べるのにも。

でも、図書館をそれだけにつかう場所と思っているとしたら、それは大まちがいなのです。

たしかに、以前は、学校図書館は、静かに本を読む場所でした。友だちとおしゃべりしていると、注意されることもありました。

でも、いまではそのようすは変わりつつあります。読書の場としてだけではなく、さまざまな学習の場として活用されています。

下記は、2016年に文部科学省から発表された「学校図書館の整備充実に関する審議のまとめ」（素案）です。

> 学校図書館に求められる役割として、近年では、読書活動の推進のために利活用されることに加え、調べ学習やNIE（Newspaper in Education）、また、各教科等の様々な授業で活用されることにより、学校における言語活動や探求活動の場となり、アクティブ・ラーニングを支援していく役割が一層期待されている。

これは、文部科学省が学校図書館について記したものですが、「アクティブ・ラーニング」とは、その文部科学省が全国の学校に広めようとしている新しい勉強方法です。

文部科学省では、「主体的・対話的で深い学び」を、みんなにやってもらおうとしているのです。かんたんにいえば、みんなは、自らすすんで人と話し、コミュニケーションしながら学んでいくことで、これまでの勉強よりも、「より深く学んで」いくことがもとめられているのです。

いいかえれば、先生がみんなに知識をあたえるのではなく、みんなのほうから積極的に学んでいくようにならなければなりません。そうするためには、必要な資料をさがしたり、教科書だけでなく、さまざまな知識を得たりすることのできる、学校図書館の役割がとても重要になるのです。

ですから、今後、学校図書館は、友だちと話しあいながら「深い学び」ができる場所へと変わっていくと考えられています。

みなさんの学校は、そのように変化していますか？

こうしたなか、あらためて学校図書館について考えてみるために、このシリーズをつくりました。まずは1巻で、日本の学校図書館の歴史や役割の変化などを見たうえで、2巻では、実際の図書館のしくみやさまざまな活用例などを見ていきます。そして3巻では、これからの図書館に期待される新しい機能（「メディアセンター」などよばれる）について見てみます。そこでは、実際に「ブックワールド」とよばれるまったく新しい図書館をつくった学校のようすを紹介します。

なお、このシリーズの各巻のタイトルは、次のとおりです。

①知りたい！　過去・現在・未来
②見てみよう！　全国のおもしろ学校図書館
③最先端の図書館づくりとは？

さあ、このシリーズをよく読んで、みなさんの学校には、どんな図書館があったらよいかどんどん話しあってください。新しい図書館づくりのお役にたてたらとてもうれしいです。

子どもジャーナリスト
Journalist for children　稲葉茂勝

もくじ

1 なくてはならない学校図書館 ･･････････････････････････ 4

2 昔の学校図書館は？ ･･･････････････････････････････････ 6

3 学校図書館がかかせない理由 ･･･････････････････････････ 8

4 「人」がいる学校図書館 ･･･････････････････････････････ 10

もっと知りたい！ 図書館の先生って、なにをする人？ ････ 12

5 学校図書館の図書館資料とは ･･･････････････････････････ 14

もっと知りたい！ 新聞を学校図書館へ ･････････････････････ 16

6 学校図書館にはどれだけ本がある？ ･････････････････････ 18

7 学校図書館に期待される役割 ･･･････････････････････････ 20

もっと知りたい！ 「居場所」としての学校図書館 ･･･････････ 22

8 学校図書館を活用した授業 ･････････････････････････････ 24

9 読解力と言語力を育てる ･･･････････････････････････････ 26

10 地域に開かれた学校図書館 ････････････････････････････ 28

用語解説 ･･ 30

さくいん ･･ 31

この本のつかいかた

この本を監修してくださった 門内輝行先生のひとことコメント。

それぞれのテーマと関連のある写真や図を掲載。

ネットワーク情報資源

青字の言葉は用語解説（30ページ）でくわしく解説。

本文をよりよく理解するための情報を紹介。

もっと知りたい！
よりくわしい内容や、関連するテーマを紹介。

1 なくてはならない学校図書館

小学校や中学校、高校の図書館は、図書館といっても独立した建物ではなく、ひとつの部屋（図書室）を「学校図書館」とよんでいるのがふつうです。それでも学校に関する法律では、正式に「学校図書館」といっています。

学校図書館法が制定される以前は？

第二次世界大戦が1945（昭和20）年に終わり、日本がいよいよ戦後の復興の時代に入るころ、敗戦からわずか2年後の1947年に、学校教育法がつくられました。これは、日本の学校教育制度の基本を定める法律で、戦後、日本を占領した連合国軍最高司令官総司令部（GHQ）の指導の下でつくられました。それは、小学校の6年間と中学校の3年間の計9年間を義務教育とし、高等学校3年、大学4年からなる新しい学校制度でした。また、そこには次のように記されています。

> 「学校には、別に定める設置基準に従い、その学校の目的を実現するために必要な校地、校舎、校具、運動場、図書館または図書室、保健室その他の設備を設けなければならない」

ついで1953（昭和28）年、「学校図書館法」という法律が制定されます。

すでに図書館を設置していた学校はありましたが、この法律で「学校には学校図書館を設けなければならない」（第3条）とされたことで、学校図書館は全国すべての学校につくられるようになります。

明治時代、藩校（→p6）の跡地に開校された明倫小学校の敷地内に図書館もあった。建物は藩校・明倫館の遺構（残存する古い建築物）。

写真／毎日新聞社（1933年撮影）

1 なくてはならない学校図書館

学校図書館法はできたけれど、実態は千差万別

　学校図書館法は、第2条において、学校図書館とはなにかについて、あらためて次のように規定しました。

> 「学校図書館」とは、小学校、中学校および高等学校において、図書、視覚聴覚教育の資料その他学校教育に必要な資料を収集し、整理し、及び保存し、これを児童または生徒および教員の利用に供することによって、学校の教育課程の展開に寄与するとともに、児童または生徒の健全な教育を育成することを目的として設けられる学校の設備をいう。

　いまでこそ、小・中・高等学校に図書館があるのはあたりまえになっていますが、この法律が定められた当初は、日本の小・中学校の図書館設置率は50%ほどしかなく、高校にいたっても87%ほどだったといわれています。

　また、図書館が設置されていても、その状況は千差万別です。一般教室に本だながいくつか置かれただけという、たいへんおそまつなものから、「図書館」とよぶにふさわしい風格のあるものまであり、その差は明らかでした。

　じつは、現在でも設備や本の数、そのほかあらゆる点で、全国の学校図書館の格差は、相当なものだといわざるを得ません。

学校図書館法が制定されたころの小学校の学校図書館。正面左に見える木づくりの箱は、図書の目録カードが五十音に整理してならべられているものだ。

写真／毎日新聞社（1953年撮影）

2 昔の学校図書館は？

日本で学校図書館が重視されたのは、第二次世界大戦後のことでした。
でも、もともと日本は、国民に対する教育をたいせつにしてきました。
一般の人の識字率は、江戸時代には世界でも最高水準に達していたほどです。

学制ができてから学校図書館が急増

日本では、明治時代になると全国に多数の小学校が設立されます。旧文部省（現在の文部科学省）が1872（明治5）年に「学制」をはじめると、その数は急速にふえていきました。

当時から、学校には図書室のような部屋がありましたが、そこは学校でつかう教材や教具を保管する場所のようなものでした。それでも江戸時代の藩校（藩士の教育機関として各藩が設けた学校）の蔵書を、学校図書館の図書として利用する小学校もありました。

子どもの自由や個性をみとめる大正の自由教育運動

大正時代には、「自由教育運動」とよばれる、国民に新しい教育をもとめる運動がおこります。

この運動は、19世紀末から20世紀はじめにかけてヨーロッパやアメリカで活発化していた「新教育運動」が日本に輸入される形で広まり、1920年代から1930年代前半にかけておこりました。それまでは、すべての子どもに対し同じことを教えこもうとしていましたが、新教育運動は子どもの自由や個

藩校は、藩士（武士）の子どもたちが「武士として」「人として」どうあるべきかを学んだ学校。各藩校には文庫があり、そこにいろいろな書物が置かれていたことがわかっている。写真は会津藩の藩校、日新館。

2 昔の学校図書館は？

1936（昭和11）年、新校舎となったお茶の水附属高等女学校の図書室。国立大学の付属校だけあり、書だなに本が充実している。（お茶の水女子大学所属）

性をみとめながら教育していこうとするものでした。そうしたなか、全国には、たくさんの本を集めて学校図書館を充実させようとする学校もありました。学校の教科書以外のさまざまな教材をつかって、自由学習の時間を設ける学校もありました。図書館は、子どもたちの自由や個性をみとめた学習ができる場所となりえたのです。このころ、一部の私立学校などでは積極的に学校図書館がつくられていきますが、公立学校では、たいていは本が好きな先生が自費で購入した本を書だなにならべておく程度のものだったといいます。

戦前・戦中期の学校図書館

大正時代の「自由教育運動」でもとめられた学校図書館づくりは、長く続きませんでした。日本は戦争へとつきすすみ、日中戦争・太平洋戦争のなかでは、学校図書館を充実させることはまったくもとめられませんでした。このころの日本の教育は、国力を強くすることのみが目的。子どもの教育も、ひとことでいえば「軍国主義教育」一辺倒でした。教科書は、日本国や日本軍を賛美する内容ばかりで、その教科書に書かれていることを理解し記憶させることが、教育の中心でした。

先生が授業で教科書以外のものを利用することはほとんどありませんでした。そのため、学校図書館などを利用して、子どもたちが個性にあった本を自由に読むなどということは考えられませんでした。それでも学校図書館がなくなったわけではなく、日本の児童文学や、敵国以外の海外の児童書が置かれている図書館はありました。ただし当時は、「児童文庫」や「児童図書館」とよばれていました。

門内先生のワンポイント

学校図書館としての児童文庫

学校図書館の先進地は、京都市だといわれています。1902（明治35）年に生祥尋常高等小学校に児童文庫が設置され、学校図書館としての機能を備えていたといいます。また、戦前の小学校では、東京の成城小学校や山形市立男子国民高等学校が、中等学校では岡山県立第二中学校や徳島県立三好高等女学校の図書館なども、先駆的な図書館として知られています。

7

3 学校図書館がかかせない理由

第二次世界大戦後、アメリカに占領された日本では、学校教育そのものが大きく変わりました。1953（昭和28）年に学校図書館法（→P4）がつくられ、学校図書館が教育にかかせないものになっていきます。

戦後来日したアメリカ教育使節団の報告

すべての学校に、図書館の設置が法律で義務づけられたのには、歴史的な経緯がありました。

戦後、アメリカから来日した教育使節団がGHQ（→P4）に提出した報告書に、次のようなことが書かれています。

> 「教師がひとつの教科書で教育すると思想教育（特定の思想を教えること）におちいる危険があり、子どもが多様な意見・主張をおこなえるように環境整備をおこなうことが必要である」

これは「子どもが多様な意見・主張をおこなえるように」するには、その環境として学校図書館の整備が重視されたことを意味しています。

この報告書が日本の教育界にも伝えられ、廊下のかたすみや階段の踊り場など小さいスペースでもよいから、「図書室」と明記した施設の設置が必要不可欠であるということが法律で定められたのです。

東京の千代田区立の小学校に誕生した学校図書館。天井は白、かべはうすいグリーン、木張りの床で落ちついたふんいきの読書室だ。

3 学校図書館がかかせない理由

学校図書館法は世界初!?

　学校図書館について言及した単独の法律は、当時のヨーロッパやアメリカにもなく、学校図書館法は世界ではじめての法律だったといいます。そのため、この法律はその後、多くの国ぐにに影響をあたえることにもなります。それほど意味のあるものだったのです。

　学校図書館法のすぐれた点のひとつに、図書館に司書教諭（図書館担当の先生）を配置することを義務づけたことがあげられます。

写真／毎日新聞社（1953年撮影）

もっとくわしく　司書教諭とは

　学校図書館の専門的職務をになう教員のことを司書教諭といいます。学校図書館法では、学校に必ず司書教諭を置くことが義務づけられました。司書教諭は、教諭として採用された先生が「その職務を担当し、学校図書館資料の選択・収集・提供や子どもの読書活動に対する指導、さらには学校図書館の利用指導計画を立案し、実施の中心となるなど、学校図書館の運営・活用について中心的な役割を担う」（文部科学省）とされています。ただし、教諭としてではなく、事務職員として採用された人が学校図書館に勤務する場合は「学校司書」とよんでいます。

司書教諭と学校司書のちがい

● 司書教諭の先生

必要資格	教員免許・司書教諭資格
必要学歴	短大・大学卒
働き方	基本的には学級を担任する先生が兼務する。

● 学校司書の先生

必要資格	図書館司書資格
必要学歴	短大・大学卒
働き方	非常勤嘱託員や臨時職員、パートタイムで働くことが多い。

4 「人」がいる学校図書館

学校図書館法がつくられてしばらくのあいだ、学校図書館は、クラスの担任をもつ先生たちが管理・運営していました。しかし、先生たちは授業と担任の仕事でいそがしく、図書館の仕事にまでは手がまわらないというのが実情でした。

かぎのかかった学校図書館

　学校図書館法がつくられてからしばらくは、司書教諭を置くことが義務づけられていながらも、実際に司書教諭を配置する学校はあまり多くありませんでした。法律でも、当分のあいだは、司書教諭を置かなくてもよいとされていたからです。このため、学校図書館に「人」がいないため、ほとんどの時間かぎがかけられ、なかに入ることができない学校も少なくありませんでした。

学校図書館にも先生が必要

　そうした学校図書館の状況が改善されるのは、1997（平成9）年に学校図書館法が改正された以降でした。さらに2003（平成15）年4月以降になってようやく、12学級以上の学校に司書教諭を置かなければならないと決められました。1953（昭和28）年に世界でも画期的とされた学校図書館法がつくられていながら、それから半世紀がすぎて、日本の学校図書館は改善してきたのです。

授業のあいまの休憩時間にも図書館には子どもたちがやってくる。学校司書の先生がいれば、いつでも対応可能だ。（茨城県・鹿嶋市立平井小学校）

門内先生のワンポイント
日本の学校図書館の理想と現実とは？

　学校図書館法がつくられてからの50年は、日本の学校図書館の理想と現実のギャップの時代だといえるでしょう。でも、半世紀以上がすぎて、2014年には、学校図書館の運営をになう専門職員を「学校司書」として位置づけることになりました。

図書の先生のよび方を「学校司書」に統一

学校図書館の「図書の先生」とよばれる人たちには、9ページで見たように、司書教諭と学校司書とよばれる人がいました。しかし学校司書の立場は、「図書館支援員」や「学校図書館指導員」など学校によってさまざまでした。現在では、2014（平成26）年に学校図書館法が一部改正され、「学校司書」という名称に統一することが法律で定められました。そしてすべての学校図書館に、学校司書を配置するよう努力することが義務づけられました。

実際には司書教諭のいない学校もある

こうして現在は、全国のすべての学校に学校図書館が設けられ、司書教諭と学校司書が配置されることになっています。

しかし現在、配置が義務づけられているのは、12学級以上の学校なので、決してすべての学校に司書教諭が置かれているわけではありません。じつは、学級数11以下の学校というのは、ふくまれてはいないのです。

左ページの門内先生のコメントにも記されているとおり、現在の学校図書館は、施設も図書館の先生もまだまだ理想にはほど遠く、改善をすすめている状況なのです。

もっとくわしく

学校司書の配置状況

学校図書館に置かれている学校司書は、公立の小・中学校でともに6割未満だということが、文部科学省の平成28年度調査でわかりました。2年前の調査よりふえましたが、自治体によって差が出ていることも明らかになっています。公立小学校で配置率が高い上位5県は、島根県（99.5%）と山梨県（98.3%）、次いで大分県（95.8%）、神奈川県（94.2%）、富山県（94.1%）です。

小学校	配置学校数	全体に占める割合
国立	42校 （40校）	58.3% （55.6%）
公立	11,644校 （10,978校）	59.3% （54.5%）
私立	115校 （91校）	51.3% （41.9%）
合計	11,801校 （11,109校）	59.2% （54.4%）

中学校	配置学校数	全体に占める割合
国立	40校 （40校）	54.8% （54.8%）
公立	5,408校 （5,051校）	57.3% （52.8%）
私立	521校 （416校）	70.4% （56.1%）
合計	5,969校 （5,507校）	58.2% （53.1%）

高等学校	配置学校数	全体に占める割合
国立	13校 （14校）	76.5% （82.4%）
公立	2,349校 （2,371校）	66.9% （66.5%）
私立	915校 （816校）	66.4% （59.7%）
合計	3,277校 （3,201校）	66.6% （64.4%）

※（　）内は平成26年度調査の数値

もっと知りたい！
図書館の先生って、なにをする人？

図書（館）の先生を、やさしいお姉さんと思っている人は多いのではないでしょうか。実際、学校司書のほとんどが女性です。図書の先生はどういう人で、日ごろどんなことをしているのかなど、見てみましょう。

図書の分類

学校図書館では、ジャンルごとに本を整理して書だなにならべています。そのならべ方は、図書の先生がいろいろくふうしているのです。NDC（→もっとくわしく）という図書分類によることも多くありますが、独自の方法で分類している先生もいます。分類の目的は、みんなが本をさがしやすいようにすることです。

もちろん、図書館に入ってきた本について、いつ・どんな本が入ってきたかなどを記録してから、書だなにならべなければなりません。そういった整理と管理も、重要な仕事です。

NDCや、コーナー内の書架案内がわかりやすく掲示されている。
（青森県・八戸市立根城小学校）

本の修理

図書の先生の仕事には、いたんだ本の修理もあります。古くなって修理ができなくなった本は廃棄します。ひとことでいうと、学校図書館の書だなの本をよい状態にたもつのも図書の先生の仕事です。

毎日の仕事は？

図書の先生が日ごろおこなっていることをまとめると、次のようになります。

- 図書の貸し出しと返却
- 絵本の読み聞かせ
- 展示コーナーをつくり、おすすめの本を紹介
- 季節ごとにかざりつける
- 「図書の時間」の準備
- 図書だよりをつくる
- 図書委員会の指導　など

レファレンス・調べ学習の補助

近年、図書の先生がとくに力を入れていることに「レファレンス」があります。

まちにある公共図書館などでは、「レファレンスサービス」があって、図書館を利用する人の本や資料さがしの相談にのっています。それと同じように図書の先生も、授業の内容と関連した本を紹介したり、どんな調べ学習をしたらよいかをアドバイスします。調べ方の方法をアドバイスすることもあります。

また、「調べ学習」につかう本を用意したり、それにあわせて資料を用意したり、ときには授業のなかで調べ方などについて説明したりする図書の先生もいます。授業づくりの段階から、クラスを担任する先生たちといっしょに授業の内容を考えることもあります。

これらは、みなさんが調べものをする基礎的な力を育てるためでもあります。

もっとくわしく
NDCとは？

NDCというのは、本の種類を10の大きなグループにわけ、それぞれのグループをさらに10にわけ、そのグループをもっと細かく10にわけていくしくみのことです。NDCは、日本のほとんどの図書館でつかわれています。ただし、国語・算数などの科目ごとに分類されていないため、学校図書館では、NDCにもとづいてわかりやすい分類をおこなっている学校も多くあります。

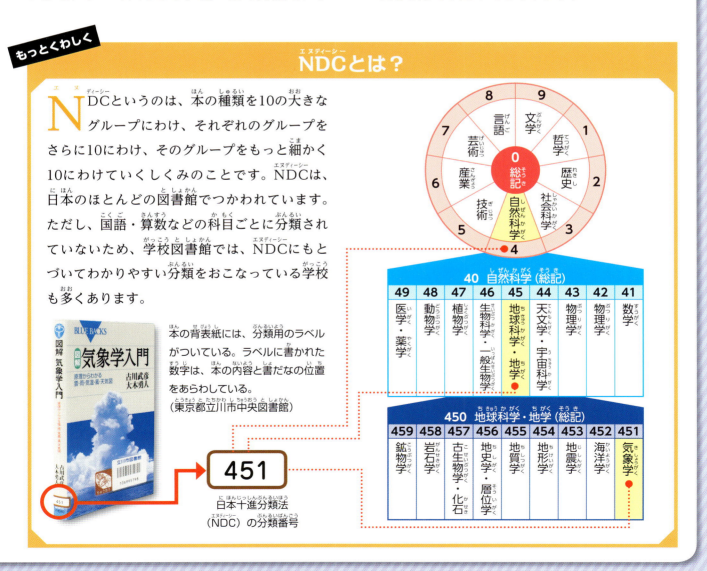

本の背表紙には、分類用のラベルがついている。ラベルに書かれた数字は、本の内容と書だなの位置をあらわしている。
（東京都立川市中央図書館）

451
日本十進分類法
（NDC）の分類番号

5 学校図書館の図書館資料とは

学校図書館におかれる資料には、本のほか、雑誌、新聞、視聴覚資料（CD、DVD）、電子資料（CD-ROM）、ネットワーク情報資源、ファイル資料、パンフレット、学校の独自資料、模型などもふくまれています。

毎日の学校生活にそった図書館

　学校図書館は、読書する場所であるとともに、学校の授業や学級活動、学校行事など、学校生活のなかで生じたさまざまな疑問を調べられるところです。辞書や百科事典、図鑑のような参考書もあります。

　また、それぞれの学校でとくに力を入れていることに関係する本や資料などもそろえられています。下の写真は、小学校の図書館に設けられているコーナーの例です。

門内先生のワンポイント

メディアの多様化

　かつての学校図書館というと、本ばかりがならんだ場所でした。でも、いまでは多種多様なメディアをつかった学習活動をおこなうための設備をそなえた施設になりつつあります。印刷資料を中心とした図書だけでなく、CD-ROMやDVD、ブルーレイディスクなどの電子資料や、インターネット上の資料もふくめた図書館資料もそろえられるようになってきています。

国語の教科書でとりあげられている本を紹介するコーナー。（新潟県・新潟市立上山小学校）

地域のパンフレットやリーフレット、新聞の切りぬきファイルなどもある郷土資料コーナー。（鳥取県・智頭町立智頭小学校）

5 学校図書館の図書館資料とは

図書館で新聞を活用する！

　学校図書館に新聞や雑誌をそろえている学校もあります。最近では、新聞を授業の材料として活用する学校がふえていて、新聞は学校図書館にかかせないものになっています。

　この背景には、文部科学省と総務省が、2017（平成29）年度から5か年計画で学校図書館に新聞を置くようにしたことがあげられます。公職選挙法等の一部改正がおこなわれ、選挙権をもつ年齢が満18歳以上に引き下げられたことにともない、学校で新聞をもっと活用しようというのです。

もっとくわしく　NIE教育

　新聞を活用した学びのことを「NIE（Newspaper in Education）」とよんでいます。1930年代にアメリカではじまり、世界80か国以上でとりくまれています。日本では「教育に新聞を」という意味で、1985（昭和60）年に提唱されました。

　学校に新聞を提供する活動は、1989（平成元）年にパイロット計画として東京都内の小学校1校、中学校2校でスタートし、1997（平成9）年には47都道府県すべての地域での実践が実現しています。いまでは国語の教科書に「新聞を読もう」という単元があるものもあり、NIE教育が積極的にすすめられています。

スペースをくふうして、かべに新聞をかけて設置。
（新潟県・新潟市立升潟小学校）

新聞を広げるには、一般の本より大きなスペースが必要。公共図書館の場合、新聞を読むためのコーナーには大きめの机がおかれているが、学校図書館でも、新聞を読みやすい机を設置するところがふえてきている。
（新潟県・新潟市立紫竹山小学校）

15

もっと知りたい！
新聞を学校図書館へ

新聞記事は、さまざまな話題をとりあげているので、国語だけでなく、算数や理科、社会をはじめ、保健体育、家庭、道徳などすべての教科に関係しています。こうした新聞の利用を学校図書館は重視しています。

新聞が学校に入ってきた！

社会の課題を考える力をやしなうことができる新聞を学校図書館に置くことは、文部科学省もすすめています。

文部科学省によると、学校図書館に新聞を置いている小学校は、2010（平成22）年から2015（平成27）年までの5年間で16.9%から41.1%、中学校で14.5%から37.7%、高校で90.0%から91.0%へと増加していることがわかりました。

新聞読みくらべ

「もっとも新しい情報」を伝えるメディアだとされる新聞ですが、新聞によって伝える内容、伝え方が相当ことなっています。そのことは、複数紙を読みくらべてみるとよくわかります。

でも、家庭でとっている新聞は、たいていは1紙で、読みくらべることなどできないのがふつうです。それが図書館ならできるのです。

とはいっても、現実には2紙以上の新聞がある学校図書館はまだまだ少ないのが現状です。新聞の種類は、平均して小学校で1.3紙、中学校で1.7紙、高校では2.8紙となっています（2015年度）。このため、文部科学省と総務省では、将来的には公立高校の図書館には4紙を置けるようにしたいといっています。

青森県八戸市では、2017年度から市内の全公立小中学校に複数紙の新聞を置くようになった。（八戸市立根城小学校）

学校図書館の新聞コーナー。
（茨城県・鹿嶋市立平井小学校）

学校図書館は社会への窓

　15ページでもふれましたが、新聞を学校図書館に用意する背景のひとつに、選挙権年齢の引き下げがあります。

　小学生や中学生のうちから現実社会のいろいろな課題や争点について、自らの問題として主体的に考え、公正に判断する力を身につけることが重要だと考えられているからです。

　学校図書館と新聞とでは、次のような共通点があるといわれています。

- 学校での学びは教室だけでは完結しない。学校図書館は、社会とつながっていることを気づかせてくれる。
- 学校図書館と連携して新聞を活用した学びをおこなうことで、社会への「窓」の役割をはたす。

　最近ではニュースをウェブサイトで見る人たちがふえていますが、インターネットには根拠がうすい情報や出所が不確かな情報もあふれています。テレビやネットをふくめた「メディア・リテラシー（情報を応用する能力）」をやしなうためには、複数の新聞記事を読みくらべることが有効だといわれています。

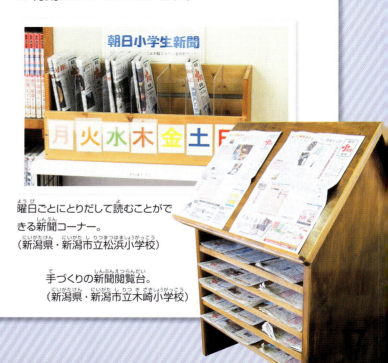

曜日ごとにとりだして読むことができる新聞コーナー。
（新潟県・新潟市立松浜小学校）

手づくりの新聞閲覧台。
（新潟県・新潟市立木崎小学校）

6 学校図書館にはどれだけ本がある？

学校図書館は、近年、その機能や役割が大きく変わってきました。それに応じて、学校図書館に置かれる本や資料、新聞などをふやそうと、国も財政支援をおこなっています。

図書館の蔵書をふやすために

　1993（平成5）年、「学校図書館図書標準」が旧文部省からしめされました。図書標準とは、公立小・中学校の図書館に整備すべき、標準の本の数を定めたものです。

　それには、18学級の小学校で、10,360冊、15学級の中学校では12,160冊というように、学校図書館に置かれる本の冊数の目標が数値としてしめされたのです（右記参照）。

　同じ年、子どもの読書活動や学習活動を改善するための「学校図書館図書整備5か年計画」がつくられました。

　初回は小・中学校の学校図書館の蔵書を1.5倍にすることを目標に、総額500億円（毎年100億円）が交付されました。さらにその後も5か年計画は継続され、現在も続いています。

●学校図書館図書標準の計算方法

小学校

学級数	蔵書冊数
1	2400
2	3000
3〜6	3000+520×(学級数−2)
7〜12	5080+480×(学級数−6)
13〜18	7960+400×(学級数−12)
19〜30	10360+200×(学級数−18)
31〜	12760+120×(学級数−30)

中学校

学級数	蔵書冊数
1〜2	4800
3〜6	4800+640×(学級数−2)
7〜12	7360+560×(学級数−6)
13〜18	10720+480×(学級数−12)
19〜30	13600+320×(学級数−18)
31〜	17440+160×(学級数−30)

●学校図書館図書標準早見表

小学校

学級数	蔵書冊数	学級数	蔵書冊数
1	2,400	16	9,560
2	3,000	17	9,960
3	3,520	18	10,360
4	4,040	19	10,560
5	4,560	20	10,760
6	5,080	21	10,960
7	5,560	22	11,160
8	6,040	23	11,360
9	6,520	24	11,560
10	7,000	25	11,760
11	7,480	26	11,960
12	7,960	27	12,160
13	8,360	28	12,360
14	8,760	29	12,560
15	9,160	30	12,760

中学校

学級数	蔵書冊数	学級数	蔵書冊数
1	4,800	16	12,640
2	4,800	17	13,120
3	5,440	18	13,600
4	6,080	19	13,920
5	6,720	20	14,240
6	7,360	21	14,560
7	7,920	22	14,880
8	8,480	23	15,200
9	9,040	24	15,520
10	9,600	25	15,840
11	10,160	26	16,160
12	10,720	27	16,480
13	11,200	28	16,800
14	11,680	29	17,120
15	12,160	30	17,400

6 学校図書館にはどれだけ本がある？

近年の図書標準の達成率は？

文部科学省では、2008（平成20）年から隔年で「学校図書館の現状に関する調査」をおこなっています。2016（平成28）年度調査によると、図書標準の達成率は小学校で66.4％、中学校で55.3％でした。まだ目標に達していない学校が半数近くあります。

達成へのカギは、自治体の予算化にあります。図書館の整備計画には財政措置に地方交付税がつかわれるので、自治体（市町村）が学校図書館の図書費として予算化しなければ、交付された措置金は学校図書館を充実させるためでなく、道路やごみ処理などのほかの支出にまわされてしまうかもしれないのです。

学校図書館が整備されるには、学校図書館の必要性を各地方自治体や教育委員会がしっかりと認識し、整備充実に向けて予算化していくことが必要です。

冊数はそろっていても、本の新しさや新刊の基準がないので、その本の情報が古くなっていたり、種類がかたよっている場合もある。

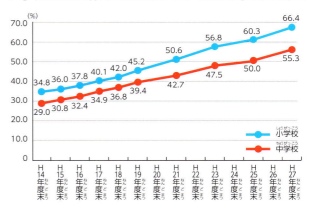

●学校図書館標準の達成している公立学校の割合

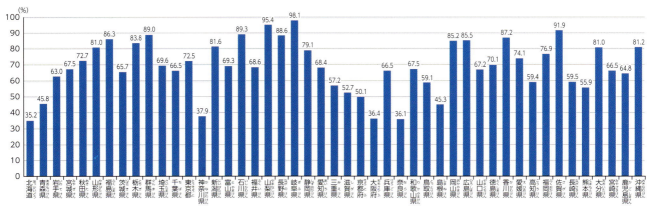

●公立小学校の県別図書標準の達成率

ともに平成28年度「学校図書館の現状に関する調査」（文部科学省）より作成

7 学校図書館に期待される役割

学校図書館は、2016（平成28）年度の学習指導要領の改訂にともなって、「読書センター」としての読書の場だけではなく、学びの場として、学習を支援する「学習・情報センター」としての役割がもとめられています。

「読書センター」とはどんな役割か？

「読書センター」というのは、児童・生徒が自由に本を選んで読む読書活動や、図書の先生をはじめ、さまざまな大人が児童・生徒に読書指導をおこなうための拠点となる場所のことです。

「学習・情報センター」に期待されていること

「学習・情報センター」は、「読書センター」をさらに発展させ、自分の調べたい本や資料がすぐ見つかる場所のことです。学習・情報センターでは、つぎのようなことが提供されることになります。

- 図書をつかった調べ学習の場を提供する
- 授業で必要な資料や情報を提供する
- 児童や生徒が自ら学ぶ学習を支援する
- 授業であつかわれた作者や作品（テーマ）に関する資料を紹介する
- 学習の成果として完成したものを蓄積・展示する

学校図書館に集まり、自由に本を読む子どもたち。
（茨城県・鹿嶋市立平井小学校）

7 学校図書館に期待される役割

「主体的・対話的で深い学び」

　この本の「はじめに」にもあるように、近年、学校では積極的にアクティブ・ラーニングがおこなわれ、あらゆることに対して子どもたちに「主体的・対話的で深い学び」がもとめられています。

　学校図書館を活用した調べ学習も、アクティブ・ラーニングという方法でおこなうことになってきました。かつての、図書館で静かに本を読んでいた時代には考えられないようなことが図書館でおこなわれているのです。図書館で「主体的・対話的で深い学び」をおこなう場合、「主体的」は、自らすすんで興味のある本を読んだり、自ら資料を調べるということになりますが、「対話的」となると、静かに本や資料を読むことに反するようにも思えます。ところが、そうではありません。図書の先生に自らすすんで質問したり、対話をしながら調べ学習をすればよいのです。もちろん友だちなどと対話をしながら、じょうずにコミュニケーションをとって学習をすすめていくこともできます。

　そうして得られたことが「深い学び」となれば、図書館は、まさにアクティブ・ラーニングの場となるわけです。

門内先生のワンポイント

アクティブ・ラーニングの場所

　きみたちが生きているこの時代は、大量生産・大量消費の「工業社会」から、知識や情報が重視される「知識社会」へと変わってきています。その変化にともない、教育や学習についての考え方が、「頭のなかだけの抽象的な学びから、状況のなかへの学び」へ、「個人による学びから集団による学び」へと大きく変化。それに対応して、学校図書館のあり方が根源から問いなおされています。そのなかで、学校図書館も、「静かに本を読む場所」から「いろいろなことができる場所」へと変わることがもとめられているのです。今後、学校図書館は、アクティブ・ラーニングを実践していく場所として、ますます期待されていくでしょう。

学校図書館とコンピュータ教室を統合してつくられたメディアセンター。授業で利用する「学習・情報センター」は、書籍とタブレット端末をつかいながら調べ学習をしたり、なかまと協力して調べやすいようにレイアウトされている。
（広島県・竹原市立東野小学校）

もっと知りたい!
「居場所」としての学校図書館

いまの学校図書館は、教育課程の学びの場であると同時に、休憩時間に好きな本を読んだりできる自由な場所となっています。しかも、多くの人が安心してすごせる「心の居場所」としての役割もになうようになってきました。

「心の居場所」とは

文部科学省は、学校図書館の役割として、すでに記した「読書センター」「学習・情報センター」(→P20)にくわえて、もうひとつ「心の居場所」という考えをしめしました。

これは、登校してから下校までの学校生活のなかで生じるストレスをやわらげる場所として、学校図書館を位置づけようというものです。

さらに最近では、学校図書館をクラスから一時的にのがれたいと感じる人の居場所とする考えもあります。

そのための施設が重要

静かに本を読んでいた時代の学校図書館の設備や環境では、NIE(→P15)をおこなうには不便なので、より広い机など、あらたな設備を整える学校がふえてきました。

それどころか、学校図書館を「読書センター」「学習・情報センター」、そして「心の居場所」としてふさわしいものにするには、設備の環境も、それらにふさわしいように変えていかなければなりません。

こうしたことから、全国の学校図書館の「一新」がおこなわれています。このシリーズの第3巻で紹介する小学校のように、学校図書館をだいたんに変更する学校もあらわれてきました。

図書館のなかにさまざまなスペースがあり、思いおもいの格好で本を読むことができる。
(京都市立洛央小学校)

門内先生のワンポイント
アメリカの学校図書館

アメリカでは、1960年代の後半から、これまでの「学校図書館」という言葉にかわって、「学校図書館メディアセンター」といういい方がされるようになりました。第3巻では、日本の小学校に誕生した最先端の図書館のようすをみなさんに見てもらいます。

もともとは本だなと閲覧机がならんでいただけの場所が、「ブックワールド」という名前の新たな図書空間に変身。学校図書館の可能性をひろげるとりくみをしているのが、門内先生と京都市立洛央小学校だ。

図書の先生に望むこと調査

全国学校図書館協議会と毎日新聞社が共同で、全国の小・中・高等学校の児童生徒の読書状況について毎年調査をおこなったところ、興味深い結果になったといいます。

図書の先生にどんなことをしてもらいたいかをたずねたところ、「安心できる場所をつくってほしい」と望む中高生が多かったというのです。これまでの図書の先生の仕事は、12ページで紹介した「図書館の案内や本の紹介」などですが、そうした仕事への期待以上に……。

こうした調査結果は、全国各地でも報告されるようになりました。

文部科学省が、学校図書館に左ページに記した「心の居場所」としての役割をしめしたのには、このような背景があります。

今後、学校図書館は、教室での友だちどうしのおしゃべりとはちがうコミュニケーションが楽しめる空間になっていくでしょう。

「図書の先生にしてもらいたいこと」

小学生
- 本がある場所を案内してくれる………53%
- 安心できる場をつくってくれる………46%

中学生
- 安心できる場をつくってくれる………45%
- 本がある場所を案内してくれる………42%

高校生
- 安心できる場をつくってくれる………46%
- 本がある場所を案内してくれる………30%

（第62回学校読書調査）

本だなのあいだにすわりこんで、熱中して本を読む子どもたちもいるとか。おもちゃやぬいぐるみを置くなど、ちょっとしたことで、図書館の居心地が変わってくる。（東京学芸大学附属世田谷小学校）

8 学校図書館を活用した授業

近年、学校の「年間計画」のなかに「図書館を活用した授業」をとりいれる学校がふえてきました。それは、図書館を活用した授業が、文部科学省が推進している「主体的・対話的で深い学び」(→P21)を実現できるものだからです。

つめこみ教育の反省から「総合的な学習の時間」

かつての日本の教育は、教科書を理解し、その理解の程度をテストで計るという形ですすめられてきました。しかし、教育内容が高度になったことで「つめこみ教育」になってしまいました。その弊害を是正するために、1998（平成10）年に改訂された学習指導要領では、知識や技術を「習得」することよりも、ゆとりをもって学んでいこうという「ゆとり教育」が提唱されました。

ゆとり教育のもと、「総合的な学習の時間」とよばれる新しい勉強のやり方がとりいれられます。そして、この時代には調べ学習がさかんとなり、学校図書館には、より多くの資料をそろえることがもとめられました。

「探究的な学習」ってどういうこと？

ついで、2008（平成20）年に発表された学習指導要領には、自ら課題を見つけ、学び、考え、主体的に判断し、問題解決する能力を育成するために、「探究的な学習」をおこなうように記されました。

「探究的な学習」とは、授業で出された課題について、たんに図書をつかって調べて、調べたことをまとめるのではありません。授業で自らの課題（テーマ）を選び、必要な資料や情報を見つけ、資料から読みとった情報をまとめ、なかまに発表するという一連の流

もっとくわしく 「つめこみ教育」

知識をひたすら頭につめこむことに力点をおいた教育のこと。「知識偏重型」ともいわれます。そのころの日本では、頭がよい＝学歴が高いと見なされ、結果、学歴の高さが重視されていきました。また、ただ暗記するだけの勉強にあきてしまい、勉強ぎらいになる子どももふえていきました。

24

8 学校図書館を活用した授業

れからなりたっています。
　こうした変化は、学校図書館のつかわれ方を大きく変化させていきました。学校図書館は、図書や新聞、雑誌、録音資料や映像資料、コンピュータ資料など多様なメディアを資料として用意し、子どもたちが自らそうしたメディアをフルにつかって学んでいく教育の場へと変わってきているのです。

「脱・ゆとり教育」で生きる力・考える力を！

　「ゆとり教育」は、実質的に2002年度から2010年度はじめまでおこなわれました。授業内容は以前より3割へり、授業時間数もへらして土曜日は休みになりました。そのかわりに、子どもたちは「生きる力」や「考える力」をつけることがもとめられました。
　ところが、「ゆとり教育によって学力が低下する」、さらには「つめこみ教育を復活させるべきだ」という意見が出てきました。15歳の生徒を対象に学習到達度を計るPISA＊（学習到達度調査）の結果、日本は2000年時点での成績は数学的な分野が1位、読解力が8位でしたが、2003年、2006年ともどちらの分野も大きく順位を下げてしまったのです。

＊OECD加盟国を中心に、数学的応用力、科学的応用力、読解力の3分野について測定したもの。2000年からはじまり、3年ごとにおこなわれている。

そしてアクティブ・ラーニングへ

　2020年からはじまる新学習指導要領から、アクティブ・ラーニングが小・中学校でとりいれられることになりました。アクティブ・ラーニングという授業は、これまでの総合的な学習の時間とよく似ていますが、ちがいもあります。総合的な学習の時間でも、調べたことを発表したり、ディベートをおこなったりして、自分の力で考える学習活動をおこなっていました。しかし、アクティブ・ラーニングでは、学習活動をふりかえり、つぎにつなげていくことがいっそう強化されたのです。

タブレット端末を設置して自分が調べたいテーマに関する本を自ら調べられるようにする。（東京学芸大学附属世田谷小学校）

もっとくわしく 「生きる力」「考える力」

「生きる力」とは、変化のはげしいこれからの社会を生きる子どもたちに身につけさせたい『確かな学力』『豊かな人間性』『健康・体力』の3つの要素からなる「力」のことです。現在学校でおこなわれている「総合的な学習の時間」は、「生きる力」や「考える力」を育てることを目的にはじめられました。

9 読解力と言語力を育てる

「ゆとり教育」が日本の子どもの読解力を下げたという批判がありますが、最近では、インターネットやスマートフォンが、子どもたちに本や新聞などの長い文章を読めなくさせたという指摘もあります。

小学生からの読書活動のすすめ

中高生の読書ばなれが心配されています。PISA（→P25）の結果、2015（平成27）年では、日本の数学と科学の応用力はとても高いレベルにありました。ところが、読解力は1位から6位へと前回より順位を大きく下げてしまったのです。

これを受けて、最近になって、スマートフォンの利用で長い文章を読む機会がへっている現状があり、またメールやLINEなどで短文だけでやりとりしているのが原因ではないかともいわれはじめました。

こうしたなか、小学校の早い段階で長文を読んだり書いたりする経験が必要だとされ、学校図書館を活用した読書活動が、あらためて重要視されるようになってきました。

●PISAの平均得点および順位の変化

9 読解力と言語力を育てる

ますます活発に活動する学校図書館

スマホやLINEなどの弊害により、中高生の読書ばなれが心配されるなか、図書館のアクティブ・ラーニングが、ひとつの解決策をしめしているといわれています。それは、「読み聞かせ」です。近年、学校図書館で異年齢集団による読み聞かせをおこなう学校がふえてきています。一方、子どもたちが福祉施設などへ出かけて、読み聞かせをする活動もありますが、出かけるのではなく、お年寄りや就学前の子どもたちに学校図書館にきてもらうことも考えられるわけです。少子高齢化がすすむなかで、子どもたちが読み聞かせをおこなうのは、効果的なアクティブ・ラーニングになります。同時に、読み聞かせによって読解力がやしなわれることになります。

門内先生のワンポイント
真逆に思えること！

学校図書館は、子どもたちが本を静かに読みふける場を提供し、読書活動をささえることが必要です。

一方、友だちと1冊の本を読みあったり、上級生が下級生に本を読み聞かせたりすることも、読書活動のひとつです。学校図書館が読書の楽しさを伝える場だとしたら、ワイワイ話をしながら友だちと本を読みあえる「交流の場」のような図書館があってもいいと思います。「静かに読みふけること」と「ワイワイ話をしながら友だちと本を読むこと」は真逆。それらが両立するわけがないと思いますか？　その答えは、この本のシリーズをよく読んで、みんなで考えてみてください。

もっとくわしく

本を読まない「不読者」

5月の1か月間に読んだ本が0冊の生徒を「不読者」とよび、全国の小学生（4～6年生）、中学生（1～3年生）、高校生（1～3年生）を調べた学校読書調査があります。2017年におこなわれた結果は、1か月間の平均読書冊数が、小学生で11.3冊、中学生で4.5冊、高校生は1.5冊になっています。前年度にくらべ、中・高校生はわずかにふえていますが、小学生はわずかにへっています。不読者の割合は、小学生は5.6％、中学生は15.0％、高校生は50.4％となり、前年度にくらべて高校生が大幅に減少しました。（全国学校図書館協議会、毎日新聞社の調査による）

5年生の図書委員が紙芝居と本を低学年に読み聞かせる。（茨城県・鹿嶋市立平井小学校）

10 地域に開かれた学校図書館

これからの学校図書館は、学校のなかだけではなく、地域における読書活動の拠点としていこうという動きがすすんでいくのではないかといわれています。さて、どういうことでしょうか。

地域の人たちへも図書館を開放

　学校図書館を地域の人たちに開放し、だれもが図書の閲覧や貸し出しサービスを受けられるようにするといったとりくみが、全国の自治体ですすめられるようになってきました。学校図書館を学習の場として利用してもらうなど、地域の人たちの居場所にするというのです。老若男女の生涯学習の拠点としても！

　読み聞かせをはじめとしたさまざまな読書活動も、今後どんどんさかんになると見られています。もちろん、図書の貸し出しがおこなわれるのは、いうまでもありません。でも、以前とことなり、図書の整理や管理、館内の装飾なども、図書の先生（→P12）とともに地域の人たちがボランティアとして参加することが期待されています。すでにそうしたとりくみをおこなっている学校も、各地に出てきました。

北海道札幌市豊平区の福住小学校にある地域開放図書館「こひつじ広場」。地域の人も利用できるこの図書館は、札幌市の事業としておこなわれているもの。各学校のPTAが事業を委託され、PTA役員や先生たちによって構成される運営委員会が運営をおこない、日常の活動はボランティアがになう。

学校図書館と公共図書館との連携

日本には、学校図書館と、各地方自治体が運営する公共図書館があります。これからだいじなのは、両者の連携です。

これまで学校図書館と公共図書館は、それぞれにさまざまな活動をすすめてきました。しかし、これからは地域の子どもたちのために、両者が連携・協力していくことが、合理的だと考えられるようになりました。

実際に、両者が協力して図書館活動をおこなっているところも多くなってきています。それも、単に図書の相互利用だけでなく、次のようなことでも、協力関係が見られます。

- ・公共図書館での団体貸し出し
- ・公共図書館のイベントへ、地域の学校が参加
- ・公共図書館での子どもたちの職場体験学習

　　　　　　　　　　　　　　　　　など

学校・地域で検索システムを共有

公共図書館と学校図書館の協力として、いま期待されているのが、図書資料のインターネット検索です。公共図書館では、全国どこからでも、蔵書のインターネット検索ができるようになっていますが、そのシステムを学校図書館でも共有できるようになることが、期待されているのです。

より多くの図書資料が検索できたら、地域の人にとってより便利になるのはいうまでもありません。なぜなら、公共図書館の数より、小・中学校の数のほうがずっと多いからです。検索により、読みたい本や資料のありかがわかるだけでなく、その本が近くの学校図書館にあることがわかれば、さらに便利です。

公共図書館の場合、同じ地方自治体のなかで、別の図書館にあるものを近くの図書館から注文し、受けわたしできるシステムができあがっています。そこに、より数が多い学校図書館が加われば、さらに便利になるのです。

門内先生のワンポイント

学校図書館の地域開放

学校図書館の地域開放は、1969（昭和44）年に神戸市からはじまったといわれています。学校を地域社会の核として、知的センターの役割をはたそうと、市民図書館という名前でスタートしたのです。わたしは、自分が教えている大学の学生たちと、京都の小学校の子どもたちや先生方といっしょに小学校の学校図書館をつくりました。学校図書館が、地域のなかでどういう役割をはたすのか、そういったことについて、この本のシリーズ3巻でもしっかり見ていきます。

用語解説

本文中の覚えておきたい用語を五十音順に解説しています。

アクティブ・ラーニング …………… 21,25,27

もともとは大学の授業でつかわれている用語。2012年、「大学改革実行プラン」（文部科学省）により、大学の教育が大きく変化。それまでは教室で先生が講義するのを学生たちがいっせいに聞くという形式が主流だったが、もっと「アクティブ（主体的に）」な授業にすることが決まり、全国の大学で発見学習や調査学習、体験学習がとりいれられ、教室内でもグループ・ディスカッションやグループ・ワークなどがさかんにおこなわれるようになった。こうした学習方法をとりいれようというのが、2020年からはじまる新学習指導要領のポイント。

NDC …………………………… 12,13

Nippon Decimal Classificationの略。Decimalは「十進法の」、Classificationは「分類」という意味。

学制 ………………………………… 6

1872（明治5）年に公布された日本の近代学校制度に関する最初の法令。全国を8つの学区にわけ、それぞれの学区をさらに32にわけ、それらをさらに210の学区にわけ、学校を均等に設置。子どもたちが自分の住んでいる地域（近く）の学校区に通えるようにした。全国で5万以上の小学校があったといわれている。1879（明治12）年教育例公布とともに廃止された。

公共図書館 ………………… 13,15,29

公共図書館には大きくわけて、公立図書館と私立図書館がある。大半の公共図書館は、都道府県または市区町村が設置する公立図書館。図書館法第十七条で、公立図書館は無料とすることが定められている。一方、民間の団体が設置する私立図書館は、利用者から料金をとってもよいことになっている。

識字率 ……………………………… 6

文字の読み書きができて、理解できる能力をもった人数の割合を「識字率」という。日本では江戸時代の幕末期に武士階級でほぼ100%、庶民層でも男子で50%前後、女子で20%前後という推定値が出されている。

地方交付税 ………………………… 19

国が地方自治体に配分することを目的として集められる税金。地方自治体間にある財源の不均衡を調整し、国民が受ける基本的な行政サービスが、住む場所によって差が出ないようにすることをねらいとしたもの。

ネットワーク情報資源 ……………… 14

コンピュータネットワークを通じて公開・伝送・蓄積されるさまざまな情報や資料のこと。文章や図、画像、音声、映像など多種多様。情報量が多く、情報の増加が速いが、消滅するのも速いという特徴がある。内容が雑多で、質も一様ではない。

メディア・リテラシー ……………… 17

インターネットや新聞、テレビなどメディアから発信される情報を見きわめ、そのなかから必要な情報を取捨選択して分析、加工して知識として活用していく能力。

ゆとり教育 ……………… 24,25,26,30

一人ひとりの個性を大事にして、自発的な意欲を身につけさせることを尊重するという教育。

レファレンス ……………………… 13

英語で参考・参照の意味をもつ。図書館のレファレンスサービスは、図書館の資料を利用する人の手伝いをすること。知りたいことがらがどんな資料にのっているか、調べたいテーマの資料があるかなどを調べ、資料や情報を提供する手伝いをする。

連合国軍最高司令官総司令部（GHQ）…… 4,8

GHQは、第二次世界大戦後、降伏した日本を占領・監督するために、アメリカをはじめとした連合国が設けた総司令部。General Headquartersの略。1945年から1952年まで日本を統治した。

さくいん

あ アクティブ・ラーニング
　　　　　……………21、25、27、30
アメリカ …6、8、9、15、22
生きる力 ………………25
インターネット………17、26
インターネット検索………29
映像資料 ………………25
NIE………………15、22
NDC……………12、13、30

か 学習指導要領 …………20、24
学習・情報センター
　　　　………………20、21、22
学制…………………6、30
学校教育法 …………………4
学校司書 ……9、10、11、12
学校図書館図書整備5か年計画
　　　　…………………………18
学校図書館図書標準 ……18、19
学校図書館の現状に関する調査
　　　　…………………………19
学校図書館法
　　　……4、5、8、9、10、11
考える力 ………………25
教育使節団 ………………8
軍国主義教育 ………………7
公共図書館 …13、15、29、30
公職選挙法 ………………15
心の居場所 ……………22、23
コンピュータ資料 …………25

さ 雑誌 ……………14、15、25
識字率 ………………6、30
司書教諭 …………9、10、11
視聴覚資料 ………………14
児童図書館 …………………7
児童文庫 …………………7
自由教育運動 ……………6、7
調べ学習 ……………13、21
新学習指導要領…………25
新教育運動 ………………6
新聞…14、15、16、17、25
スマートフォン………26、27
選挙権 ……………15、17
全国学校図書館協議会 ……23
総合的な学習の時間 …24、25
総務省 ……………15、16

た 第二次世界大戦……4、6、8
タブレット端末 ……………21
探究的な学習 ……………24
知識偏重型 ………………24
地方交付税 …………19、30
つめこみ教育 ………24、25
ディベート ………………25
電子資料 ………………14
読書センター …………20、22

な 日本十進分類法…………13
ネットワーク情報資源
　　　　………………14、30

は 藩校 ………………4、6
パンフレット ……………14

PISA ………………25、26
ファイル資料 ……………14
ブックワールド……………23
不読者 ………………27
ボランティア ……………28

ま 毎日新聞社 …………23、27
メール ………………26
メディア ……………16、25
メディア・リテラシー
　　　　………………17、30
文部科学省（旧文部省）
　　　……6、9、11、15、16、
　　　　　19、22、23、24

や ゆとり教育
　　　　………24、25、26、30
ヨーロッパ ……………6、9
読み聞かせ ………………27

ら LINE ……………26、27
レファレンス …………13、30
レファレンスサービス ………13
連合国軍最高司令官総司令部（GHQ）
　　　　…………………4、8、30
録音資料 ………………25

31

■監修

門内　輝行（もんない　てるゆき）

1950年岡山県生まれ。博士（工学）、一級建築士。1973年京都大学工学部建築学科卒業、1975年東京大学大学院修士課程修了、1977年同博士課程退学、東京大学助手。1989年早稲田大学理工学部助教授、1997年同教授を経て、2004年京都大学大学院工学研究科建築学専攻教授。2016年より大阪芸術大学芸術学部建築学科教授、京都大学名誉教授。京都市立芸術大学客員教授。

専門分野は、建築・都市記号論、デザイン方法論。人間と環境との関係を解読し、豊かな生命を育む生活世界をデザインする理論と実践に力を注いでいる。著書に「デザイン学概論」「もうひとつのデザイン－その方法論を生命に学ぶ」「人間－環境系のデザイン」「記号としての芸術」など。日本建築学会賞（論文）、キッズデザイン賞（優秀賞・産業大臣賞）などを受賞。

日本建築学会理事・近畿支部長、日本記号学会理事、日本学術会議設計工学専門委員会幹事、京都市美観風致審議会会長などを歴任。

■著

稲葉　茂勝（いなば　しげかつ）

1953年東京都生まれ。大阪外国語大学、東京外国語大学卒業。子ども向けの書籍のプロデューサーとして多数の作品を発表。自らの著作は『教科で学ぶパンダ学』『「戦争」と「平和」をあらわす世界の言葉』（ともに今人舎）など、国際理解関係を中心に著書・翻訳書の数は80冊以上にのぼる。2016年9月より「子どもジャーナリスト」として、執筆活動を強化しはじめた。

この本の情報は、2018年1月現在のものです。

編集・デザイン　　こどもくらぶ（二宮　祐子、石井　友紀）
企画・制作　　　　株式会社エヌ・アンド・エス企画

■写真協力（敬称略）

鹿島市立平井小学校
八戸市立根城小学校
新潟市立上山小学校
智頭町立智頭小学校
新潟市立升潟小学校
新潟市立紫竹山小学校
新潟市立松浜小学校
新潟市立木崎小学校
竹原市立東野小学校
京都市立洛央小学校
東京学芸大学附属世田谷小学校
札幌市立福住小学校

毎日新聞社
お茶の水女子大学デジタルアーカイブ
新潟市立中央図書館
Ｓｋｙ株式会社
門内輝行研究室
福住まちづくりセンター
© ペイレス／PIXTA
© ペイレスイメージズ／PIXTA
© mits／PIXTA

■参考資料

（文部科学省）http://www.mext.go.jp/b_menu/shingi/chousa/shotou/115/shiryo/__icsFiles/afieldfile/2015/10/22/1362875_01.pdf
（学校図書館の整備充実に関する調査研究協力者会議）
http://www.mext.go.jp/component/b_menu/shingi/toushin/__icsFiles/afieldfile/2016/10/20/1378460_02_2.pdf
（文部科学省）http://www.mext.go.jp/a_menu/shotou/dokusho/link/__icsFiles/afieldfile/2016/10/13/1378073_01.pdf

ほか、りぶしる（図書館サービス向上委員会の情報公開サイト）／先生のための授業に役立つ学校図書館活用データベース（東京学芸大学運営専門委員会）／「これいいね！　学校図書館の工夫」（新潟市立図書館学校図書館支援センターの応援サイト）など

シリーズ・変わる！ 学校図書館
①知りたい！ 過去・現在・未来

2018年2月25日　初版第1刷発行　　　〈検印省略〉

定価はカバーに表示しています

監　修　者　　門　内　輝　行
著　　　者　　稲　葉　茂　勝
発　行　者　　杉　田　啓　三
印　刷　者　　藤　田　良　郎

発行所 株式 ミネルヴァ書房
　　　　会社
607-8494 京都市山科区日ノ岡堤谷町1
電話 075-581-5191／振替 01020-0-8076

© 稲葉茂勝，2018　印刷・製本　瞬報社写真印刷株式会社

ISBN978-4-623-08265-0
NDC017/32P/27cm
Printed in Japan

シリーズ・変わる！ 学校図書館

門内輝行 監修
（大阪芸術大学教授／京都大学名誉教授）
27cm 32ページ　NDC017

① 知りたい！ 過去・現在・未来

② 見てみよう！ 全国のおもしろ学校図書館

③ 最先端の図書館づくりとは？

シリーズ・変わる！ キャリア教育　　長田徹／監修　稲葉茂勝／著

1 学校にいくのは、なんのため？　読み・書き・計算と学ぶ態度を身につけよう
2 「仕事」と「職業」はどうちがうの？　キャリア教育の現場を見てみよう
3 どうして仕事をしなければならないの？　アクティブ・ラーニングの実践から